Colección: LAS CAMPANAS
Serie: Novela

Primera edición: 1986
Segunda edición: 1990
Tercera edición: 1994

C/ Campezo, s/n - 28022 Madrid
I.S.B.N. 84-305-1968-8
D.L. M-41101-1990
Printed in Spain

Ursula Wölfel

ESTRELLA FUGAZ

Ilustraciones de Emilio Losada
Traductor: Arturo Ruiz

susaeta

PRESENTACIÓN

Lo que se cuenta en esta historia pudo haber sucedido hace unos 90 años, entre 1890 y 1900.

Por entonces ya no quedaban mucho indios en Norteamérica. La mayoría había muerto en la lucha contra los hombres blancos recién llegados. Solamente en la frontera noroeste, entre Canadá y los Estados Unidos de América, quedaba todavía un extenso territorio en el que apenas se habían instalado hombres blancos. Allí vivían en libertad las últimas tribus indias. Entre ellas estaba la gran tribu de los indios Pie Negro. Esta historia trata de ellos.

¿Dónde están los búfalos?

ESTRELLA Fugaz estaba sentado delante de la tienda de su padre y pensaba: «Qué fastidio, seguir siendo pequeño. ¿Por qué se tarda tanto en ser mayor?»

Hacía un momento que los mayores se habían marchado. Se iban a la pradera a echar carreras, lanzar piedras y practicar con el arco. Con ellos también estaba Caballo Gris, el hermano mayor.

Estrella Fugaz les había acompañado hasta la colina que tenía detrás los campos de juego. Pero ellos le habían hecho volver y le dijeron:

—Todavía eres demasiado pequeño. Tienes que quedarte con las niñas y con los niños pequeños.

Los pequeños estaban agachados detrás de la tienda de Aguila de la Montaña y lanzaban piedras a un cacharro viejo. Era un buen juego y Estrella Fugaz podía, si quería, darle al ca-

charro. Pero ya no quería volver a jugar con los pequeños. Prefería sentarse aquí y aburrirse.

Alrededor se levantaban las tiendas de piel blanca, formando círculo. Las mujeres y la gente mayor estaban sentados juntos y hablaban entre ellos.

Todos esperaban a los hombres, que habían salido a cazar a caballo. ¿Habrían encontrado una manada de búfalos? ¡Entonces, volvería a haber carne fresca enseguida!

Llegó la madre. Llevaba a la espalda, en un saco de piel, a la hermanita. Estaba dormida y la madre caminaba despacio y con cuidado, para no despertarla. La madre se llamaba Sol encima del Camino y a Estrella Fugaz le parecía la más hermosa de todas las mujeres y madres del campamento.

—¿Por qué no juegas con los demás niños? —le preguntó la madre.

Estrella Fugaz se levantó. Cuando la madre hablaba con él no podía seguir sentado.

—No quisieron llevarme con ellos —dijo—. ¡Aunque ya no soy tan pequeño!

La madre enseguida se dio cuenta de que él había intentado irse con los mayores. Le dijo:

—Han pasado seis inviernos, Estrella Fugaz, y cinco veranos desde que viniste al mundo. Todavía eres pequeño. Vete con los demás pequeños.

Así que Estrella Fugz se fue con los pequeños. Pero no jugaba con ellos, solamente les miraba cómo jugaban a tirarle piedras a un cacharro.

Una niñita que se llamaba Flor Roja le preguntó:

—¿Por qué no juegas con nosotros, Estrella Fugaz?

—No quiero —contestó—. Este juego es para niños pequeños. Yo ya soy mayor para seguir jugando a eso.

—¡Pero todavía no puedes montar a caballo solo! —le dijo un niño que se llamaba Agua Clara—. Y el niño que se llamaba Llamada a la Lluvia le preguntó:

—¿Vas por las mañanas al río con los mayores? ¿Ya sabes nadar?

Estrella Fugaz no sabía qué contestar, pues todavía no podía montar a caballo solo y los mayores todavía no le habían llevado con ellos al río. Pájaro de la Pradera le preguntó:

—¿Ya no eres mi amigo, Estrella Fugaz? ¿Por qué ya no quieres jugar conmigo?

Estrella Fugaz volvió a no saber qué contestar, pues la verdad es que su mejor amigo era Pájaro de la Pradera.

Estrella Fugaz miró hacia la pradera. Hasta el horizonte sólo había pradera, ancha y ondulante. Había algún que otro matorral y, muy a lo lejos, un árbol grande y viejísimo. De pronto, Estrella Fugaz vio que detrás del árbol algo se movía. Entornó los ojos. Sí, eran los hombres que volvían de cazar.

—¡Ya vuelven! —gritó Estrella Fugaz—. En seguida se le pasó el enfado. Él había sido el primero en ver a los hombres a caballo, antes que los sabios ancianos y que las mujeres de mirada penetrante, antes que la madre y que los demás niños.

—¡Vienen!

En seguida echaron a correr todos juntos, y Estrella Fugaz les enseñó lo que había visto. Estaba muy orgulloso. Ya se distinguían claramente los hombres a caballo. Los niños pequeños, y también los mayores, echaron a correr hacia ellos. Todos querían saber si por la noche habría algo bueno para cenar en el campamento.

Pero los hombres a caballo entraron en silencio y con la cabeza baja.

—No hemos disparado ni una flecha, ni una bala —dijeron.

Estrella Fugaz corría junto al caballo de su padre. El padre se llamaba Buen Cazador. Y sin embargo, hoy no traía caza a casa.

—Hemos ido lejos cabalgando —le dijo a su mujer, Sol encima del Camino— casi tan lejos como desde el campamento de una noche hasta el de la siguiente. Pero el hombre blanco ha echado a los búfalos demasiado lejos.

Estrella Fugaz ya había oído hablar varias veces del hombre blanco. Siempre que los mayores hablaban de él se les ponía la cara y la voz tristes. Estrella Fugaz pensaba: «Cuando sea mayor iré cabalgando hasta el hombre blanco y le diré que los búfalos son de los indios porque, si no, pasamos hambre y no tenemos piel para nuestra ropa y zapatos y tiendas. Y lucharé con el hombre blanco y le venceré.»

La madre fue a por un cacharro con raíces. Las había buscado por la mañana. Añadió un puñado de carne seca de búfalo, que sacó de una bolsa de cuero. La bolsa quedó vacía.

Cuando Estrella Fugaz tuvo que echarse a dormir todavía tenía mucha hambre. En el campamento nadie se había quitado el hambre. Estrella Fugaz volvió a pensar en el hombre blanco. Afuera, los mayores todavía estaban sentados al fuego y hablaban entre ellos en bajo y cantaban una canción triste. Los perros gruñían y aullaban. Tenían hambre, igual que los hombres. Solamente los caballos pastaban satisfechos. La intranquilidad y la tristeza habían caído sobre las tiendas blancas; mientras, la luna se levantaba sobre el horizonte, una luna de verano, grande y roja.

El caballo pardo

AL día siguiente, por la mañana temprano, cuando todavía estaban todas las estrellas en el cielo, el vigilante cruzó corriendo el campamento y gritó:

—¡A levantarse! ¡A levantarse!

Querían seguir marchando hasta un lago en el que había mucha pesca. En eso habían quedado los hombres y el jefe la noche anterior. La madre, el hermano mayor Caballo Gris y Estrella Fugaz enrollaron la tienda juntos, y el padre la colocó encima de un caballo. Por todo el campamento había gritos y carreras, ladridos y piafar de caballos. Los niños corrían por enmedio y estaban contentos porque en todas partes había algo que ver: cómo el hechicero recogía su tienda mágica, su tambor y su manojo de hierbas; cómo el hombre del fuego ponía el fuego dentro de un tronco hueco y lo tapaba con musgo; cómo los padres y madres ponían y ataban encima de los caballos todos sus enseres y armas, sus cacharros y bolsas y mantas.

Pero Estrella Fugaz volvió a apartarse de los niños. Quería demostrar que ya no era pequeño y ayudaba a los padres. Sujetaron dos palos de tienda al caballo de la madre y pusieron entremedias una piel. Era como un trineo. La madre puso sus cosas de cocina ahí dentro y dejó enmedio un sitio libre. Ahí tendría que sentarse Estrella Fugaz. Pero él se había propuesto otra cosa. Hoy quería montar a caballo, como los chicos mayores. Ellos habían soltado ya sus caballos y montaban alborotando y dando gritos por todo el terreno del campamento.

Estrella Fugaz le dijo a su padre:

—Padre mío Buen Cazador, te pido que me des un caballo. Ahora mismo quiero ser de los mayores.

—Entonces te daré un buen caballo, Estrella Fugaz —le dijo el padre, y le ayudó a montar en un caballo pardo que había capturado y domado el otoño pasado.

Estrella Fugaz estaba tan contento que no pudo decir nada. Cogió las riendas y miró alrededor. Agua Clara, Flor Roja y Pájaro de la Pradera estaban ahí. Estrella Fugaz deseó que el sol acabase pronto de salir para que en el campamento todos pudieran verle montado en el hermoso caballo pardo.

—¡Ahora demuestra que puedes cabalgar! —dijo el padre—. Le dio al caballo una palmada. El caballo brincó y Estrella Fugaz enseguida volvió a estar sobre la hierba. Sólo había pensado en los niños y en la gente y no había tenido cuidado.

El padre no dijo nada. Esperó a que Estrella Fugaz se levantara. Entonces le volvió a ayudar a montar en el caballo. ¡Qué grande era y qué lomo tan ancho y liso! De pronto, Estrella Fugaz tuvo miedo. Hubiera sido mejor volver a caerse, y ahora estaría sentado en su sitio de antes, entre los palos del trineo de su madre. Pero los otros niños le miraban. También Caballo Gris se había acercado junto con los mayores.

El padre volvió a darle una palmada al caballo y los jóvenes gritaron:

—¡Ho! ¡Ho-Ho!

El caballo echó a correr. Asustado, Estrella Fugaz se agarró a las crines y dejó caer las riendas. El caballo se sintió libre y se lanzó a galopar por la oscura pradera adelante. Estrella Fugaz se enrolló las crines a los dedos. Se le clavaban y le cortaban, pero no quería soltarlas. ¡Esta vez se mantendría encima! ¡Si el caballo dejara de correr sin parar por la negra e incabable llanura! Pasaron de largo, a toda velocidad, el gran árbol. Estrella Fugaz pensó: «Ahora nadie me puede ver ni oír». Y gritó lo más fuerte que pudo.

—¡Vuelve, caballo! ¡Vuelve!

Pero el caballo únicamente se asustó y corrió todavía más deprisa hacia el horizonte, hacia la franja de luz resplandeciente, de un color entre verde y amarillo, allí donde el cielo tocaba a la tierra y de donde pronto el sol saldría. ¿Qué habría allí? ¿Una gran extensión de agua? ¿Un fuego poderoso? ¿O quizá era aquella la tierra del Gran Espíritu, a donde van los hombres muertos?

El caballo pardo le llevaba más y más lejos, y Estrella Fugaz estaba completamente solo. Tenía mucho miedo.

Con cuidado fue soltando las crines del cuello del caballo. Quería recuperar las riendas. El caballo pardo dio una sacudida y volvió la cabeza. Estrella Fugaz alargó la mano izquierda rápidamente y atrapó las riendas. El caballo notó el tirón en la boca húmeda y se volvió hacia la izquierda. Estrella Fugaz salió despedido por el aire y cayó sobre la tierra dura y reseca por el verano, y el caballo siguió corriendo sin jinete. Allí estaba tendido él solo. La cabeza le daba vueltas y la rodilla y las manos le dolían. Apoyó la cara en la hierba y lloró.

Pero en seguida volvió el caballo. Se quedó junto a él y con las narices húmedas le daba en la espalda. Era un buen caballo, no abandonaba a su jinete. Estrella Fugaz pasó la mano acariciando la bonita cabeza de ojos relucientes.

—Querido caballo pardo —dijo— no puedo levantarme solo.

Y se echó otra vez a llorar. Las lágrimas le caían hasta la boca y corrían a lo largo del cuello. Hacía mucho que no lloraba. Pero aquí nadie le veía.

De pronto, el caballo levantó la cabeza. Piafaba, dando con los cascos en el suelo, y relinchaba débilmente. Estrella Fugaz se puso en pie de un salto y miró a su alrededor. ¿Venía una fiera salvaje, un oso o un lobo? No, ¡un jinete, el padre! Estrella Fugaz echó a correr hacia él, agitó los brazos y gritó:

—¡Padre mío! ¡Padre mío Buen Cazador!

Buen Cazador detuvo su caballo y le dijo:

—Has ido muy lejos cabalgando, Estrella Fugaz. Ahora vuelve a montarte rápido en el caballo. Todos nos esperan.

Estrella Fugaz se acercó al caballo pardo y cogió las riendas.

—Tienes que sujetarte a las crines, tomar impulso y levantarte —dijo el padre.

Estrella Fugaz se agarró a las crines. Tenía las manos llenas de sangre y le dolían mucho. Se levantó, pero le flojeaban los brazos y no alcanzaba lo bastante alto, no podía pasar la pierna por encima del lomo del caballo. Se resbalaba siempre. Miró al padre.

—Otra vez —le dijo únicamente.

—No puedo —decía en bajo Estrella Fugaz—. Por favor, ¡ayúdame!

—El que no puede subirse solo, tampoco puede montar solo —le dijo el padre.

Estrella Fugaz se echó atrás diez pasos, se escupió en las manos, cogió carrerilla, saltó y ¡se sentó encima! Le echó una mirada al padre. Se rió.

—Ahora ya puedes subirte solo y montar solo —le dijo el padre—. Quiero regalarte el caballo pardo. Puedes darle un nombre. —Estrella Fugaz se inclinó ante su padre, tal como le habían enseñado.

Cabalgaron juntos de vuelta al campamento.

Estrella Fugaz preguntó:

—¿Qué hay cuando se atraviesa la pradera a caballo, hasta el horizonte?

—Cuando se cabalga hasta el horizonte —respondió Buen Cazador— vuelve a haber pradera y un nuevo horizonte. Y cuando se atraviesa a caballo esta otra pradera hasta el otro horizonte, entonces vuelve a haber allí una nueva pradera y un nuevo horizonte. Y si se sigue y se sigue cabalgando, se llega al lugar donde vive el hombre blanco.

Entonces el padre se calló, y Estrella Fugaz le notó en la cara que ya no quería decir más. Siempre era así, cuando se hablaba del hombre blanco.

Hasta que no vieron el campamento, no dijo Estrella Fugaz:

—Quiero llamarle Horizonte a mi caballo pardo.

—Así se llamará —le dijo el padre—. Es un buen nombre para un caballo.

Los demás ya estaban sobre los caballos. Los fuegos estaban apagados.

—Ahora Estrella Fugaz puede montar solo —dijo el padre.

Todos asintieron con la cabeza, y la madre sonrió. Estrella Fugaz llevó el caballo hacia ella.

—¡Ya casi eres un chico mayor! —le dijo.

Durante todo el día, Estrella Fugaz estuvo cerca de su madre. Cuando hacían un alto, le ayudaba a cuidar de las hermanitas, y cuando por la noche llegaron al campamento junto al lago, le trajo agua y buscó madera para el fuego. Luego la madre le envió con los demás niños. Todavía querían buscar bayas y raíces. Los hombres y los jóvenes fueron al lago con redes y cañas de pescar. Pero no encontraron gran cosa. Aquella noche todos tuvieron que dormirse hambrientos. Pero no hablaron de ello.

La madre estaba triste porque sabía que sus hijos tenían hambre. Así que le dijo a Caballo Gris:

—Mañana te regalaré un sedal nuevo para pescar.

Y a Estrella Fugaz le dijo:

—Para ti cortaré una caña de pescar pequeña.

—¿Y también tendré un sedal? —preguntó Estrella Fugaz.

—Sí, también le pondremos un sedal largo —dijo la madre.

Se quedó contento y se durmió en seguida.

Junto al agua negra

CUANDO Estrella Fugaz se despertó al día siguiente por la mañana, todavía estaba oscuro. Pensaba en su caballo pardo, Horizonte, y en la caña de pescar que le iban a dar, y se alegraba de cómo se presentaba el día. Alguien le cogió por un hombro:

—¡Levántate, Estrella Fugaz! —le dijo en voz baja el hermano mayor Caballo Gris, y le quitó la manta.

—¿Qué pasa? —preguntó Estrella Fugaz y sujetó la manta.

—¡Calla! ¡Nuestra madre todavía está durmiendo! Los hombres se han marchado de caza. ¡Ven afuera! —le dijo en bajo Caballo Gris.

Estrella Fugaz temblaba con el aire frío de la mañana.

—¡Tienes que venir al lago! —le dijo Caballo Gris.

Estrella Fugaz se asustó. ¿Ahora, a oscuras

y sin el padre, tenía que ir a bañarse solo al lago, frío como el hielo?

—Aún estoy cansado —le dijo.

—¿No quieres? —le preguntó Caballo Gris y se rió—. Tienes tu propio caballo y te darán una caña. Yo creía que mi hermano Estrella Fugaz ya era de los mayores. ¡Pero ahí está, dando diente con diente!

Alguien se reía en la oscuridad. Estrella Fugaz se dio cuenta de que Ciervo Veloz, Roca Grande y otros mayores estaban cerca. Por todas partes salían de las tiendas, se desperezaban y bostezaban.

—¿Tendré que avergonzarme de mi hermano? —le preguntó Caballo Gris.

—¡Vamos! —dijeron los otros, y todos bajaron corriendo al lago.

Ciervo Veloz siempre era el primero. Tenían que cruzar un bosquecillo. Estrella Fugaz corría lo más deprisa posible. No quería ser el último. Caballo Gris corría detrás de Ciervo Veloz y pegado a él. Estrella Fugaz dejó de verle. Delante de ellos estaba el agua, negra y brillante. Los primeros, sin parar de correr, saltaron desde la orilla. Gritaban y reían y se peleaban entre ellos. Luego se tiraron al agua los últimos.

Solamente Estrella Fugaz seguía en la orilla. Agarrado a un árbol miraba fijamente hacia abajo, al agua negra. No podía saltar.

Caballo Gris se acercó nadando. Gritó:

—¡Ven, Estrella Fugaz!

Estrella Fugaz dijo que no, moviendo la cabeza.

Los otros gritaban:

—¡Estrella Fugaz! ¡Has corrido bien! ¡Ahora demuestra que de verdad eres mayor! ¡Salta, salta!

Estrella Fugaz volvió a decir que no con la cabeza. Hubiera preferido escaparse corriendo.

—¡Te lo mando! —le gritó Caballo Gris.

Estrella Fugaz escondió la cara detrás del tronco.

Caballo Gris salió del agua. Ya estaba amaneciendo y Estrella Fugaz vio que Caballo Gris estaba furioso.

—No me tires —le dijo en voz baja.

—Eso no vale —dijo Caballo Gris—. Pero ven, dame la mano, saltaremos juntos.

Estrella Fugaz dejó el árbol. Cerró los ojos y saltó con Caballo Gris desde la orilla.

El agua estaba helada. Estrella Fugaz estaba rígido por el susto y el miedo y se hundió como una piedra hasta tocar el fondo fangoso. Le zumbaban los oidos y le atronaban. Caballo Gris le había dejado. Pataleó y movió los brazos en todas direcciones y, a través de la cortina de agua, delante de sus ojos vio el cielo de la mañana y los árboles. Escupió y volvió a hundirse. Sólo entonces le cogieron Caballo Gris y su amigo Roca Grande. Le llevaron a la orilla.

—Por hoy basta —dijeron y sonrieron—. Mañana aprenderás a nadar.

Los demás también vinieron a la orilla. Ninguno se rió del niño porque hubiera tenido miedo. Todos habían sido niños y les había dado miedo el agua, como a él.

Desgajaron ramas de los árboles y con ellas se golpeaban unos a otros. Así entraban en calor y se secaban, y a la vez demostraban lo valientes que eran aguantando el dolor. Estrella Fugaz partió una rama de pino y se la dio a su hermano.

—¡Pégame! —le dijo.

—¡Ah! ¡Ha escogido las agujas que más pinchan! —dijeron los otros.

—¡Pero fuerte! —gritó Estrella Fugaz.

Y Caballo Gris le dio hasta que la espalda estuvo roja.

—¡Más fuerte! —gritaba Estrella Fugaz.

Y Caballo Gris le dio más fuerte, hasta que la espalda de Estrella Fugaz tuvo señales de sangre.

—¡Sigue! —gritaba Estrella Fugaz.

—No —le dijo Caballo Gris. Tiró la rama.

—¡Ahora sabemos que eres un chico valiente! —dijeron los otros.

Volvieron al campamento.

—¡Estrella Fugaz es mayor! —dijeron a voces los chicos, lo bastante alto para que se oyera en cada tienda.

Las madres y los ancianos asentían con la cabeza y todos se alegraron.

Cuando su padre volvió del bosque adonde se había ido a cazar por la mañana, dijo:

—Te convertirás en un hombre valiente, Estrella Fugaz.

—Pero le he tenido miedo al agua negra, y ayer, cuando me llevó el caballo tan lejos, he llorado.

—Lo sé —dijo el padre—. Lo vi. Pero en eso no tienes que pensar más. ¿Es que no te lanzaste al lago? ¿Es que no volviste a montar a caballo? También los hombres mayores a veces tienen miedo.

La caña de pescar nueva

A Estrella Fugaz le dio su madre una caña de pescar que tenía un hilo y un anzuelo hecho con una espina de pescado. También le prestó un buen cuchillo. Con él talló en la madera muchas estrellas grandes y pequeñas. Ahora, cualquiera veía que esa caña pertenecía a uno que se llamaba Estrella Fugaz.

Cuando acabó, le enseñó la caña a su madre y ella le regaló un poco del rojo y amarillo con los que solía dar color a los adornos de la ropa y las tiendas. Estrella Fugaz pintó de colores las estrellas de su caña de pescar.

Toda la mañana se había pasado en eso. Los otros chicos hacía tiempo que estaban en el lago. Algunos ya le habían llevado a sus madres pescado fresco.

Estrella Fugaz le pidió a su madre una bolsa de cuero para sus peces.

—¡Por favor, dame una que sea grande! —le dijo.

—¿Tú crees que vas a encontrar tantos peces? —le preguntó la madre.

—¡Tantos que no podremos comérnoslos todos! —le dijo Estrella Fugaz—. ¡Tendrás que ponerlos a secar!

La madre se rió y le dio una bolsa grande de piel.

Cuando llegó al lago, ya no volvió a parecerle negro y peligroso, sino azul y alegre. En el agua reluciente se reflejaban los árboles, y los mosquitos y escarabajos zumbaban al sol. Los jóvenes y los hombres se habían dispuesto en círculo alrededor del lago.

Cuando Estrella Fugaz estaba corriendo entre los matorrales. Ciervo Veloz se volvió y puso el dedo en los labios. Hizo «¡Pst!»; Estrella Fugaz no tenía que espantarle los peces.

Precisamente, Estrella Fugaz quería preguntarle dónde estaba Caballo Gris, pero Ciervo Veloz era el que mandaba a los mayores y Estrella Fugaz se dio cuenta de que ahora no quería que le hablaran. Así que siguió deslizándose entre los árboles y matorrales a lo largo de la orilla.

Podía deslizarse tan en silencio que no se oyera ni el roce de la hoja más pequeña. En la orilla de enfrente vio a un grupo de hombres. Habían echado las redes y ahora cavaban para hacer un pequeño estanque artificial. Querían llevar los peces hasta allí. Otros estaban agachados sobre las piedras planas de la orilla. Tenían arpones en la mano y miraban al agua atentamente. Estrella Fugaz siempre se maravillaba de que los hombres pudieran atinar con el arpón a los peces, tan movedizos.

Ahora había rodeado ya la mitad del lago y seguía sin ver a Caballo Gris. Pero se encontró a los pequeños. Jugaban en una cala estrecha y arenosa. Aquí salía un arroyo del lago. Estrella Fugaz se quedó de pie entre los árboles.

Llamada a la Lluvia fue el primero en verle.

—¡Mira aquí, Estrella Fugaz! —gritó—. ¡Lo acabo de atrapar con la mano!

Y le enseñó un pez de irisaciones azuladas, con pintas rojas en el lomo. Los demás pequeños también habían atrapado peces.

—¿Sí? ¿Los habéis atrapado? —gritó Estrella Fugaz.

—¿No quieres quedarte con nosotros? —le preguntó Pájaro de la Pradera.

Con mucho gusto se hubiera quedado Estrella Fugaz. Le parecía divertido atrapar peces con las manos y podía hacerlo tan bien como los demás. Pero dijo:

—Ya veis que tengo una caña. Con ella se consiguen muchos más.

—Sí —dijo Pájaro de la Pradera— ahora tú eres de los mayores.

Con un trozo de madera plana excavaba arena y piedras mezcladas.

—¿Qué estás haciendo ahí? —le preguntó Estrella Fugaz.

—Esto será una presa —dijo Pájaro de la Pradera—. Queremos hacer un estanque artificial, como los hombres de allí enfrente. Y cuando atrapemos peces; los dejaremos nadar aquí dentro.

—El dique es demasiado flojo —dijo Estrella Fugaz—. Tenéis que ponerle manojos de hierbas y ramas.

Dejó su caña de pescar. Por la orilla había muchas ramas secas. Estrella Fugaz las partió en trozos más pequeños y las hincó en la arena. Puso ramas verdes entremedias, y en los agujeros manojos de hierba. Para acabar, amontonó encima piedras y barro y le dio con las manos.

—¡Resiste! —dijo—. Así tenéis que hacer, pequeños.

—Sí, así está bien —dijo Pájaro de la Pradera.

Pero Estrella Fugaz no se había dado cuenta de lo rápido que el tiempo pasaba. De pronto, la pequeña cala se quedó en sombra. Asustado, se levantó de un salto, cogió la caña y la bolsa de piel y se marchó corriendo. Pronto sería de noche y todavía no había pescado un solo pez.

Caballo Gris y su amigo Roca Grande estaban no muy lejos de la cala, sentados con sus cañas encima de las raíces de un pino. Cada uno había pescado un montón de peces brillantes. Cuando Estrella Fugaz llegó, se echaron a un lado y le hicieron sitio para que se sentara entre los dos. Le enseñaron cómo se pone el gusano en el anzuelo y cómo se tiene que lanzar el anzuelo. Estrella Fugaz estuvo atento y enseguida lo aprendió.

Ahí estaba, en la mano la estupenda caña con estrellas de colores, sentado a la espera de todos los peces que él deseaba pescar. Pero no vino ninguno, ni uno sólo. Pues Estrella Fugaz se removía inquieto y continuamente tenía que sacudir los hombros porque las moscas se le posaban en la espalda. Simplemente, no podía sentarse y quedarse quieto ahí, como Caballo Gris y Roca Grande, que tampoco encontraron más porque Estrella Fugaz, con su agitación, les ahuyentó la pesca. Al final, Caballo Gris dijo:

—Ya va a anochecer, vámonos.

—¡Pero si yo todavía tengo que pescar algo! —dijo Estrella Fugaz.

—Ahora es demasiado tarde. Todavía estás aprendiendo a pescar —le dijo Caballo Gris y metió su montón de peces en su bolsa de piel.

Roca Grande vio lo triste que se quedaba Estrella Fugaz, de pie junto a ellos, con su gran bolsa vacía. Le dijo un pez de colores, especialmente grande, y le dijo:

—¡Con éste ya tienes uno tú también!

Estrella Fugaz cogió el pez y lo puso dentro de la bolsa. Estaba avergonzado.

Cuando llegaron al campamento, ya olía al

pescado que se estaba asando en todos los fuegos.

—¿Qué has encontrado tú? —le preguntó la madre y le quitó la bolsa.

—Absolutamente nada —respondió Estrella Fugaz—. Este pez me lo ha dado Roca Grande. Primero me puse a jugar con los pequeños y después no podía estarme quieto sentado; y, al final, ya era demasiado tarde.

Nadie se rió de él.

—Yo creo que todavía sigo siendo un poco pequeño —dijo Estrella Fugaz.

Aventura peligrosa

ESTUVIERON varias semanas a orillas del lago. Todos los días por la mañana temprano, Estrella Fugaz se iba al agua con los mayores. Enseguida supo nadar. Ciervo Veloz le enseñó cómo hay que cuidarse los pies si se quiere ser un buen corredor. El padre, Buen Cazador, le fabricó un arco, y la madre le dio flechas sin punta.

Pronto Estrella Fugaz pudo nadar, correr y tirar con arco, tan bien que podía participar en las competiciones de los mayores. Además, aprendió a estar quieto mientras se pesca. Sin embargo, para los mayores seguía siendo el pequeño, y eso le molestaba.

Un día, los padres dejaron a los mayores ir con ellos de caza a caballo. Pero Ciervo Veloz le dijo a Estrella Fugaz:

—Es mejor que esta vez todavía te quedes en casa. Quizá encontremos una manada de búfalos. Eso es muy peligroso para ti.

—¡Pero si sé montar bien y tirar con arco! ¡Dame una flecha afilada y yo también atinaré a un búfalo en la carrera! —le dijo Estrella Fugaz.

—No tenemos ganas de cuidar siempre de ti. Hoy queremos divertirnos —dijeron los otros mayores, y le dejaron plantado.

Estrella Fugaz no quiso rogar más ni preguntar al padre. Cuando todos se hubieron marchado, fue a donde los pequeños. Habían hecho muñecos de hierba y con ellos jugaban a la «Gran Asamblea». Estrella Fugaz llamó a su lado a Pájaro de la Pradera. Él le preguntó:

—¿Qué tengo que hacer? Me acaban de elegir jefe. ¡Déjame seguir jugando!

—Quería hablar contigo de algo —dijo Estrella Fugaz—. Pero si no quieres, entonces quédate con los muñecos y con las niñitas.

—¿Llevará mucho tiempo? —le preguntó Pájaro de la Pradera.

—Si eres valiente, llevará tiempo; pero si no lo eres, lo mismo da que sigas jugando —le dijo Estrella Fugaz.

—¿Qué tiene que hacer Pájaro de la Pradera? —preguntó Flor Roja.

—Eso no es cosa de niñas —le dijo Estrella Fugaz—. Entonces, ¿vienes, Pájaro de la Pradera?

Pájaro de la Pradera se fue con él, y los otros les siguieron con la vista y veían cómo paseaban por el campamento y hablaban entre ellos dos.

Estrella Fugaz le dijo a Pájaro de la Pradera:

—Tú no eres mucho más joven que yo, y también eres alto y fuerte.

—Sí —le dijo Pájaro de la Pradera—, hasta soy un poco más alto que tú.

—Pero yo soy de los mayores, y tú todavía eres un pequeño —le dijo Estrella Fugaz.

Pájaro de la Pradera asintió con la cabeza.

—Sé montar a caballo y nadar y tirar con arco y aguantar que me golpeen con fuerza —le dijo Estrella Fugaz.

—¡Eso también lo aguantaría yo! —le dijo Pájaro de la Pradera—. ¡Mira si no puedo aguantar el dolor!

De una hoguera cogió una ramita encendida y se la puso en el dorso de la mano. Estrella Fugaz le miró a la cara, pero Pájaro de la Pradera ni siquiera pestañeó. Cuando la madera estuvo negra y fría, la quitó de un soplo. En la mano quedó una quemadura grande.

—Eres valiente —dijo Estrella Fugaz. Y cogió una brasa todavía mayor y la dejó encima de su mano hasta que tuvo una quemadura grande. Entonces, Pájaro de la Pradera quiso coger un trozo de madera ardiendo aún mayor, pero Estrella Fugaz le dijo:

—Basta. Sólo quería preguntarte si tú también quieres ser de los mayores.

—Sí quiero —le respondió Pájaro de la

Pradera—. Mi padre, Aguila de la Montaña, ha dicho que quizá yo pueda montar a caballo solo, si seguimos adelante. Pero tengo que esperar hasta que los mayores quieran llevarme con ellos a nadar.

—Yo soy de los mayores. Y te llevo conmigo —dijo Estrella Fugaz.

—¿Mañana? —le preguntó Pájaro de la Pradera—. ¡No tengo miedo! ¿Mañana temprano? ¿Me despiertas?

—No tengas miedo —dijo Estrella Fugaz—. Yo voy a buscarte. Simplemente echas a correr conmigo y saltas al agua, y ya eres de los mayores. Yo te ayudo a salir, ya sé nadar.

Pero entonces le preguntó Pájaro de la Pradera:

—¿Han dicho los otros mayores que yo vaya con ellos? ¿Has preguntado a Ciervo Veloz?

—¡Ah, los otros! —dijo Estrella Fugaz—. ¡Ya verán que eres mayor, cuando saltes al agua!

—¡Entonces, seguro que mi padre en seguida me da un caballo! —dijo Pájaro de la Pradera.

Por la noche volvieron los cazadores y los jóvenes, otra vez sin haber capturado nada. No habían encontrado ninguna manada de búfalos.

Los chicos mayores estaban rabiosos. Dijeron:

—¡Nos vengaremos del hombre blanco!

Estrella Fugaz lo oyó. Preguntó:

—¿Conocéis al hombre blanco?

—Cállate. Tú no entiendes de esto —le dijo Ciervo Veloz. Entonces Estrella Fugaz se dio la vuelta y se marchó.

A la mañana siguiente, Estrella Fugaz fue temprano a la tienda de Aguila de la Montaña. Pájaro de la Pradera ya le estaba esperando.

—¿De verdad que a los demás no les has dicho nada? —le dijo en voz baja.

—No —le dijo Estrella Fugaz—. Ciervo Veloz me ha ofendido.

—Vamos a preguntar a tu hermano Caballo Gris —le dijo Pájaro de la Pradera.

—¿Por qué tengo que hacerlo? ¿Quieres que él te vuelva a mandar con los pequeños? ¿Es que prefieres seguir jugando con muñecos de hierba, a ser de los mayores? —le preguntó Estrella Fugaz.

A eso Pájaro de la Pradera ya no dijo nada.

Salieron a la parte de afuera del campamento y se escondieron en la oscuridad, detrás de la tienda de Buen Corredor. Cuando Caballo Gris llamó a su hermano, apareció él sólo y dijo:

—Aquí estoy —Pájaro de la Pradera se quedó detrás de la tienda.

—Entonces, ¡vamos! —dijo Ciervo Veloz y echó a correr.

Los demás corrían dando grandes saltos detrás de él. No se dieron cuenta de que Estrella Fugaz se quedaba atrás. Le cogió rápidamente por la mano a Pájaro de la Pradera y le preguntó:

—Pájaro de la Pradera, cuando seas de los mayores ¿querrás ser mi hermano?

—¡Quiero ser tu hermano, Estrella Fugaz! —le dijo Pájaro de Pradera.

Corrieron detrás de los demás. Cuando llegaron al lago, todos estaban en el agua.

—¡Ahora! —dijo Estrella Fugaz y Pájaro de la Pradera se tiró corriendo al agua.

El agua negra les cubrió a los dos juntos. Estrella Fugaz sujetaba la mano de Pájaro de la Pradera. Nadaba con el brazo libre y movía las piernas, de manera que rápidamente volvieron a subir. Pájaro de la Pradera estaba tan asustado que manoteaba con los dos brazos en todas direcciones. Se soltó y volvió a hundirse. Estrella Fugaz buceó. Pero no encontró a Pájaro de la Pradera.

—¡Caballo Gris! ¡Caballo Gris! ¡Pájaro de la Pradera se ahoga! —gritó en cuanto volvió a salir a la superficie.

Caballo Gris estaba lejos, pero Roca Grande le oyó:

—¿Qué es lo que gritas, Estrella Fugaz? —le preguntó y se rió—. ¿Ya no sabes nadar?

Entonces Pájaro de la Pradera salió a la superficie. Escupía y se atragantaba.

—¡Ahí! ¡Ahí! —gritó Estrella Fugaz, y quiso cogerle por el pelo.

Pero Roca Grande ya había sujetado por los hombros a Pájaro de la Pradera y le arrastraba a la orilla.

Todos salieron del agua.
—Pero si es Pájaro de la Pradera —dijeron—. ¡Uno de los pequeños!
—¿Qué hace Pájaro de la Pradera aquí? ¿Quién le ha dejado venir?
Pero Pájaro de la Pradera solamente se sacudía y escupía agua.
—Yo lo he traído —dijo Estrella Fugaz. ¡No podéis hacerle nada! Él es mi amigo y hermano y también debe ser de los mayores.
Al principio todos estaban muy enfadados. Pues era costumbre que todos los mayores reunidos decidieran quién tenían que unirse a ellos. Estrella Fugaz les dijo:
—¡Podéis pegarme todo lo que queráis!
—¡A mí también! —dijo Pájaro de la Pradera.
Entonces los mayores se rieron y desgajaron ramas de los árboles. A Estrella Fugaz le dieron fuerte por no haber respetado la costumbre. Tenía que ser castigado y nadie le alabó por no gritar.
Ciervo Veloz le dijo a Pájaro de la Pradera:
—Estrella Fugaz nos ha engañado, pero nosotros queremos admitirte entre los mayores. Eres valiente.
Estrella Fugaz puso las dos manos sobre los hombros de Pájaro de la Pradera y bailaron de alegría. Ahora eran amigos y hermanos, y Estrella Fugaz ya no iba a ser el único pequeño entre los mayores.

El hechicero

AHORA llegaron los buenos tiempos. Estrella Fugaz y Pájaro de la Pradera estaban siempre juntos, desde por la mañana hasta la noche. Buen Cazador y Sol encima del Camino admitieron a Pájaro de la Pradera en su tienda y junto a su fuego. Y a Estrella Fugaz todos le consideraron en el campamento como hijo de los padres de Pájaro de la Pradera. Ellos se llamaban Aguila de la Montaña y Madre Castor. Así los dos chicos tenían ahora dos padres y dos madres, pues eran amigos y hermanos.

Pájaro de la Pradera recibió de su padre un caballo con la piel a manchas, de pelo rizado. Le llamó Caballo de Colores. Ahora podían montar a caballo juntos. Pájaro de la Pradera también aprendió a nadar, pescar, echar carreras y tirar con arco.

Un día, los mayores hicieron una prueba de natación en el lago. Pero como Pájaro de la

Pradera todavía no sabía nadar bien, le dijo Estrella Fugaz:

—Nosotros nos subimos a un árbol y miramos.

Pues él sabía nadar mejor que Pájaro de la Pradera. Su amigo y hermano no tendría que avergonzarse delante de él. Buscaron una rama cómoda para sentarse.

—¿Por qué no han venido nuestras madres? ¿Por qué no quieren venir a ver la competición? —le preguntó Pájaro de la Pradera.

—Buscan bayas para secar, para las provisiones de invierno —le dijo Estrella Fugaz.

—En invierno tendremos que seguir comiendo sólo frutos secos y pescado, si los padres no encuentran pronto una manada de búfalos —dijo Pájaro de la Pradera.

—El hombre blanco ha ahuyentado a nuestros búfalos —dijo Estrella Fugaz.

—¿Tú has visto ya al hombre blanco? —le dijo Pájaro de la Pradera.

—No, yo tampoco le he visto aún —le respondió Estrella Fugaz—, pero sé que los padres, el otoño pasado, estuvieron con él. Llevaron las mejores pieles de búfalo, y a cambio el hombre blanco les dio pólvora y balas para los fusiles.

—En nuestra tienda tenemos una manta roja que también es del hombre blanco. Mi padre ha dado por ella veinte pieles de castor —dijo Pájaro de la Pradera.

Estrella Fugaz partió una ramita de árbol y se la puso en la boca.

—Tendríamos que preguntar a Ojo Sabio —dijo.

—¡No! —dijo Pájaro de la Pradera—. Yo todavía no he hablado nunca con él. ¡Me da miedo!

—¿Porque es un hechicero? —le dijo Estrella Fugaz—. Si es muy amable. Y sabe todo. Puede salvar a los enfermos, y predecir el tiempo y hablar con los espíritus. ¡Y hasta habla con el Gran Espíritu, que ha hecho el mundo! Seguro que él sabe todo sobre el hombre blanco. ¡Ven!

Estrella Fugaz saltó al suelo. Pero Pájaro de la Pradera se quedó arriba en la rama y movía la cabeza diciendo que no.

—¡Entonces me voy solo! —le dijo Estrella Fugaz.

—Pero hablas tú —le dijo Pájaro de la Pradera—. Yo te acompaño sólo porque eres mi hermano.

Ojo Sabio estaba sentado delante de su tienda y fumaba. Cuando los chicos le vieron, se quedaron quietos.

—¿De veras quieres hablar con él? —le dijo en bajo Pájaro de la Pradera—. ¿No te da miedo?

—Sí —le dijo Estrella Fugaz—. ¿Nos volvemos al lago?

Pero Ojo Sabio ya les había visto. Les hizo

una señal, y Estrella Fugaz y Pájaro de la Pradera se le acercaron.

El viejo les dijo:

—Tú eres Estrella Fugaz, hijo de Buen Cazador, y tú eres Pájaro de la Pradera, hijo de Aguila de la Montaña. Habéis venido a preguntarme algo.

Los chicos se inclinaron profundamente delante de él.

—¿Qué querías preguntarme, Estrella Fugaz? No tienes que tenerme miedo —le dijo Ojo Sabio.

Estrella Fugaz se inclinó otra vez.

—Queremos saber algo del hombre blanco —le dijo.

—Pues pregunta —le dijo Ojo Sabio.

—Nuestros padres van todos los días a cazar a caballo, y vuelven todos los días sin presas. Nuestras madres sólo pueden secar bayas y pescado para el invierno. ¿Por qué el hombre blanco nos ha quitado los búfalos?

Ojo Sabio dejó la pipa en la hierba, a su lado, y juntó las manos entre las rodillas. Dijo:

—Cuando el Gran Espíritu creó el mundo, lo primero hizo los campos y montañas. En las montañas hizo brotar arroyos y ríos y los envió a los lagos y a la gran extensión de agua entre las tierras. Después hizo todos los animales: los peces y pájaros, los caballos y perros, los búfalos, corzos, castores; todos los animales que conocéis. Al final hizo a los hombres.

—Sí —dijo Estrella Fugaz—, eso lo sé por mi madre.

Ojo Sabio asintió.

—Pero el Gran Espíritu hizo a los hombres distintos entre sí, y a todos les dio una tierra para vivir, y animales y caza, y una lengua propia. A nosotros, los indios, nos hizo de piel roja y morena, y de pelo negro, y nos dio esta tierra para vivir, y nos dio nuestra lengua: el idioma indio. Y también hizo otros hombres, como los que tienen piel blanca. A todos les dio una tierra para vivir, y su propio idioma. Y entre las tierras de los indios, blancos, negros y amarillos puso una extensión enorme de agua.

—¿Hay muchos hombres blancos? —preguntó Estrella Fugaz.

—Hay muchos hombres blancos —dijo Ojo Sabio—. Algunos viven no muy lejos de aquí, hacia donde sale el sol, por las montañas azules. Se han construido casas flotantes y con ellas han navegado por la gran extensión de agua, y llegado hasta nuestro país. Han construido tiendas de madera y piedras, y comen de lo que plantan en campos y huertas. Han trazado caminos a través del país. También tienen un camino de hierro, y por encima va un coche de fuego. Marcha, y ningún caballo se asusta de ello. Yo mismo lo he visto.

—¡Un coche de fuego! —dijo Pájaro de la Pradera—. ¿Y lo usan y no se queman?

—No —dijo Ojo Sabio—, pero en eso no

hay ningún hechizo. Es el vapor el que arrastra al coche. Los hombres blancos son inteligentes.

—¿Son más listos que los indios? —preguntó Estrella Fugaz—. ¿Son mejores cazadores? ¿Han matado a todos los búfalos?

—No son más listos. Y lo que pasa con los búfalos, yo os lo voy a aclarar en seguida —les dijo Ojo Sabio.

—En el país de los hombres blancos no hay búfalos, según me han contado. Los blancos no saben que la carne de búfalo hace que los niños estén sanos y sean altos, pone fuertes a los hombres y hermosas a las mujeres. No saben hacer una tienda de piel de búfalo, y no conocen los trajes de piel de búfalo. Llevan ropa de tejidos de colores. Matan a los búfalos sólo porque les dan miedo, y porque los búfalos pisotean sus campos y huertas. Han exterminado manadas enteras, y los animales muertos los dejan tirados en la pradera. Los últimos búfalos de nuestra tierra se asustan del ruido de los coches de hierro, y por eso se han ido a otra parte; muchos han huido a los bosques, y por eso nosotros tenemos a veces que buscar durante meses hasta que los encontramos, y entonces hay mucha hambre y enfermedad en invierno.

—¡Los hombres blancos son malos! —dijo Estrella Fugaz.

Pero Ojo Sabio dijo que no con la cabeza.

—Hay buenos indios, y hay indios malos, conozco hombres blancos buenos y hombres blancos malos. Ellos no saben que nosotros no podemos vivir como ellos en tiendas fijas y que su comida nos pone enfermos y nos vuelve débiles. No lo saben, o no piensan sobre ello. Ellos creen que todos los hombres tienen que vivir como ellos.

Cogió su pipa y volvió a encenderla. Dijo en bajo:

—Sólo piensan en sí mismos, son como los niños pequeños. Y como los niños, quieren tenerlo todo, y sólo tener.

Cerró los ojos.

—¡Ya he hablado bastante! —dijo.

Estrella Fugaz y Pájaro de la Pradera volvieron al lago. Treparon otra vez a su árbol y estuvieron mirando la prueba de natación. Pero allí encima sólo hablaron de todo lo que el viejo les había contado sobre el hombre blanco.

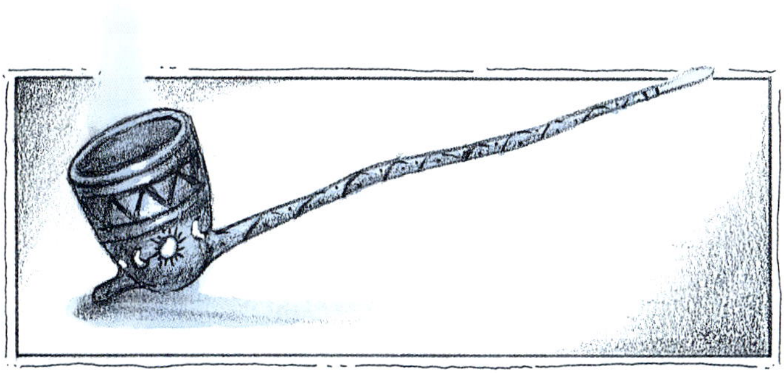

Estrella Fugaz tiene un gran plan

LLEGÓ la noche, y Estrella Fugaz estaba en la tienda y pensaba: «Ha dicho que ellos no lo saben. ¿Por qué nadie se lo dice? ¿Por qué Ojo Sabio no les dice a los hombres blancos lo que a nosotros nos ha dicho?».

Llegó la mañana, y mientras iban al lago, se propuso ir otra vez a donde el sabio hechicero y preguntarle sobre ello. Pero Ojo Sabio se quedó todo el día en su tienda. Quizá hablaba allí dentro con los espíritus. No se le podía molestar.

Estrella Fugaz le preguntó a su madre:

—¿Por qué nadie se dirige a los hombres blancos y les dice que esta tierra y las manadas de búfalos pertenecen a los indios?

—Eso todavía no lo entiendes tú —le dijo la madre.

Nuevamente se hizo de noche y los hombres volvieron de cazar. Buen Cazador había disparado a un corzo, y todas las familias del campamento estaban invitadas a comer en su fuego. Cuando el padre ató su caballo, Estrella Fugaz le preguntó lo mismo que le había preguntado a su madre. Pero el padre tampoco quiso darle una respuesta. Movió la cabeza y le dijo:

—Cuando seas más mayor, sabrás que no tenemos ningún poder contra el hombre blanco.

Esa noche todos se quitaron el hambre. Pero nadie quiso contar historias de aventuras o cantar canciones, como solían después de una buena comida.

Estrella Fugaz oyó cómo su padre decía:

—Antes de que en este invierno la nieve se quite de nuestras tiendas, cavaremos muchas tumbas.

Estrella Fugaz se levantó sin hacer ruido. Habló en bajo con Pájaro de la Pradera, y fueron detrás de la tienda. Estrella Fugaz le preguntó:

—¿Has oído lo que dijo mi padre? ¡Tiene miedo! Yo no quiero que mi padre, tan fuerte, tenga miedo. Ahora mismo voy a caballo hasta donde los hombres blancos y les digo que tienen que marcharse de nuestra tierra. No lo saben porque nadie quiere decírselo.

—¡No! —le dijo en bajo Pájaro de la Pradera—. También hay hombres blancos malos. Eso dijo Ojo Sabio.

—¿Tienes miedo, Pájaro de la Pradera? —le preguntó Estrella Fugaz—. Tú puedes quedarte aquí y jugar con los pequeños. Yo me voy a caballo.

—¡Pero soy tu hermano! ¡No puedo dejarte marchar solo! —le dijo Pájaro de la Pradera.

—Entonces, ven conmigo.

Estrella Fugaz fue a por su caballo y le pasó el brazo por el cuello.

—Debemos preguntar a nuestros padres —le dijo Pájaro de la Pradera.

—No nos dejarán. Dicen: eres demasiado pequeño. Dicen: ni pensarlo. Dicen: eso no lo entiendes.

—La verdad es que nosotros todavía somos pequeños —dijo Pájaro de la Pradera—. Quizá los hombres blancos se rían de nosotros porque somos niños.

—Eso lo dices tú sólo porque tienes miedo. Mañana temprano me voy a caballo.

Pájaro de la Pradera sabía que Estrella Fugaz era muy testarudo y siempre hacía lo que se había propuesto.

—Tú eres mayor que yo y eres mi hermano. Iré contigo —le dijo.

Se sentaron en la hierba y pensaron cómo podrían salir del campamento sin ser notados y qué se llevarían. Ya se alegraban pensando en la cabalgada y la aventura. Pero, sobre todo, se alegraban con la vuelta. Estrella Fugaz dijo:

—Cuando volvamos, todos se sorprenderán. Nos elogiarán.

Pájaro de la Pradera no contestó.

Las serpientes gemelas de hierro

AL día siguiente por la mañana, mucho antes de que los jóvenes se hubieran levantado, Estrella Fugaz y Pájaro de la Pradera fueron en silencio hacia sus caballos. Llevaron flechas y arco. Pájaro de la Pradera tenía en su bolsa un puñado de bayas secas y Estrella Fugaz el trozo de carne seca que por la noche no había querido acabar de comer. No quisieron quitarle a sus madres, a escondidas, algo de las provisiones. Ya habían ellos aprendido muy bien a aguantar el hambre. Llevaron sus caballos por las bridas hasta que estuvieron lejos de las tiendas. Hasta entonces no montaron.

Cuando Caballo Gris quiso despertar a su hermano menor y no lo encontró en su cama, pensó: «Estrella Fugaz seguro que ya está afuera con los demás». Cuando le llamó y no tuvo respuesta, pensó: «Quizá ya se ha marchado».

Cuando Buen Cazador con Sol encima del Camino y Aguila de la Montaña con Madre Castor encendieron el fuego, pensaron que Estrella Fugaz y Pájaro de la Pradera estarían con los mayores en el lago. Hasta más tarde no se dieron cuenta en el campamento de que los dos se habían marchado a caballo; y en el suelo seco y duro ya no se distinguían las huellas de los cascos de sus caballos.

—Quizá querían, por una vez, marcharse solos a cabalgar —dijo Buen Cazador—. Yo también lo he hecho cuando era un crío. Volverán cuando tengan hambre.

Pero pasó mediodía y la tarde, se hizo de noche y nadie vio volver a los niños.

Aguila de la Montaña fue a ver a Buen Cazador, y Sol encima del Camino fue a ver a Madre Castor, y juntos fueron a visitar a Ojo Sabio y le preguntaron qué tenían que hacer.

—Si queréis ir a buscarles ahora, ya no les encontraréis —les dijo Ojo Sabio—. Se han ido lejos a caballo. Pero sé que Estrella Fugaz y Pájaor de la Pradera serán hombres valientes. No os preocupéis por vuestros hijos, Madre Castor y Sol encima del Camino.

Le dieron las gracias y se fueron a sus tiendas. Pero las madres todavía se quedaron un buen rato despiertas y a la escucha, y los padres se quedaron esperando en la parte de afuera del campamento.

Estrella Fugaz y Pájaro de la Pradera cabalgaron hacia el oeste por la pradera sin fin. Ahora, con la claridad de la mañana, ya no tenían miedo. Se sintieron como hombres mayores que hacen algo importante.

Cuando fue mediodía descansaron junto a un arroyo, a la sombra de árboles y matorrales. Dejaron a sus caballos beber agua y pastar hierba fresca. Ellos mismos tenían hambre y sed, pero sólo comieron las bayas que encontraron por los matorrales. Las provisiones que tenían dentro de sus bolsas quisieron reservarlas para más tarde. Mientras hizo calor, se quedaron allí; estuvieron charlando y durmieron a la sombra.

Por la tarde siguieron su camino. Ahora tenían el sol a su espalda. Cuando hubieron cabalgado otras tres horas, por fin vieron las montañas azules.

Arrearon a sus caballos. Pero se hizo de noche y todavía estaban lejos de las montañas.

Querían esperar a la luna y buscaron otra vez un lugar de descanso. Encontraron una hondonada cubierta de hierba, cerca de una roca que todavía estaba caliente por el sol. Se pegaron a la piedra y se repartieron a medias la carne y las bayas secas que tenían dentro de sus bolsas.

Una estrella fugaz cruzó el cielo.

—¿Has visto eso? —susurró Estrella Fugaz—. Así fue la noche que yo nací. Mi padre estaba en la puerta de la tienda y vio caer una estrella. Por eso, mi madre me llamó Estrella Fugaz.

—Es una buena señal —le dijo Pájaro de la Pradera.

Luego se callaron. Los caballos pastaban a su lado. Les oían arrancar la hierba y comerla y oían sonar los árboles con el aire de la noche. Pronto salió la luna y volvieron a ver las montañas azules. Estaban cansados, pero querían continuar cabalgando, pues los caballos avanzan mejor con el fresco de la noche. Horizonte y Caballo de Colores marchaban pegados. Los dos chicos ahora ya no hablaban.

Pájaro de la Pradera estaba tan cansado que se durmió a caballo. Su cabeza daba en el cuello del caballo y caía a un lado y a otro.

—¡Eh! ¡Oh! —gritó Estrella Fugaz y se rió y Pájaro de la Pradera se sobresaltó, bostezó y se removió.

En ese instante sonó algo. Horizonte se paró y se quedó quieto.

Estrella Fugaz le dio una palmada en el cuello. Pero el caballo aguantó con las patas delanteras y no quiso seguir.

—¡Estrella Fugaz! —dijo a voces Pájaro de la Pradera— ¡Una serpiente!

Y de verdad, entre las piedras, guijarros y montones de tierra, algo brillaba.

Desmontaron. Estrella Fugaz cogió una piedra y la tiró cerca de la cosa que brillaba. No se movía. Se acercaron sigilosamente. Se agacharon con cuidado. Pájaro de la Pradera le dio con un palo a la cosa extraña. Volvió a sonar.

—Este es el camino de hierro —susurró Estrella Fugaz.

—Este es el camino de hierro —susurró también Pájaro de la Pradera.

Estrella Fugaz dijo:

—Si seguimos adelante por el camino de hierro encontraremos a los hombres blancos.

—Sí —dijo Pájaro de la Pradera.

Volvieron a montar, pero no arrearon a los caballos todavía.

—Tengo miedo —dijo en bajo Pájaro de la Pradera.

—Yo también —dijo Estrella Fugaz.

Pájaro de la Pradera le preguntó:

—¿Y si nos capturan los blancos? Hasta nos podrían matar y nuestros padres nunca se enterarían.

Estrella Fugaz movió la cabeza.

—Mi padre Aguila de la Montaña se pondrá muy enfadado porque no le dije nada —dijo Pájaro de la Pradera—. Me castigará cuando vuelva.

—Esto lo planeé yo —le dijo Estrella Fugaz—. Sólo pueden castigarme a mí.

—No —le dijo Pájaro de la Pradera—. ¡Yo

soy tu hermano! Nos tienen que castigar a los dos.

—¿Damos la vuelta? —le preguntó Estrella Fugaz.

Pájaro de la Pradera no le respondió.

Jugaron con las riendas. Con la luz del amanecer veían cada vez mejor el camino de hierro. Estaba tendido, como dos serpientes gemelas de plata, sobre un camino llano y empedrado. A través de colinas llevaba a las mon-

tañas. Estrella Fugaz se puso derecho y sacó voz grave, porque él quería hablar como un hombre, y dijo:

—Hemos ido lejos a caballo para decirles a los hombres blancos lo que no saben. Vamos a hacer lo que nos hemos propuesto.

Al mismo tiempo, Pájaro de la Pradera movía la cabeza diciendo que sí, como los hombres del campamento movían la cabeza cuando alguien daba un buen consejo. Arrearon a sus caballos y cabalgaron junto al camino de hierro para subir a las montañas. Cuando el sol salió cantaron una canción estrepitosa y salvaje, que habían aprendido de los mayores.

El agujero en la montaña

AQUÍ la tierra ya no era llana y abierta, sino ondulada y boscosa. Siguieron cantando lo más alto posible.

Llegaron a un puente que salvaba un profundo barranco.

—¡Menudos puentes saben hacer los hombres blancos! —dijo Estrella Fugaz.

—Seguro que no viven lejos de aquí —dijo Pájaro de la Pradera—. Vamos a dejar de cantar.

Pero llegó el mediodía y el camino de hierro seguía adentrándose en las montañas. Horizonte y Caballo de Colores subían trabajosamente por los guijarros de entre los raíles. Estrella Fugaz y Pájaro de la Pradera no podían dejar las riendas ni un sólo momento. Este por el que ahora iban era un camino pedregoso. A la izquierda se levantaba una pared de roca y pegado al estrecho camino de guijarros caía un precipicio. De repente, Horizonte volvió a pararse.

—¡Sigue! —dijo Estrella Fugaz y con la lengua hizo un chasquido.

Pero el caballo no le obedeció. Entonces se enfureció. Le dio con el pie en el costado, tiró de las crines y gritó:

—¡Mal caballo! ¡Echa a andar!

—¡Horizonte está temblando! ¡Un buen jinete no puede pegar a su caballo cansado! —le dijo Pájaro de la Pradera.

—¡Tú eres menor que yo, tú no puedes hablarme a mí así! —dijo Estrella Fugaz—. Soy un buen jinete y este caballo testarudo hará lo que yo quiera.

Cada vez más furioso, le pegó a su caballo y le dio con el pie.

Entonces desmontó Pájaro de la Pradera, le quitó las riendas de la mano y dijo:

—¡Desmonta, Estrella Fugaz! Yo creo que hay malos espíritus en este valle; ellos te han trastornado el corazón. ¡Desmonta! ¡Llevaremos de las riendas a nuestros caballos!

Estrella Fugaz desmontó y ya no dijo nada. Mientras seguían andando, no miraba a Pájaro de la Pradera. Avanzaban lentamente por encima de las piedras calientes, de aristas afiladas. Los pies les dolían dentro de los delgados zapatos de piel y tenían hambre y sed. Con mucho gusto hubieran hablado entre sí, pero ninguno quería ser el primero en hablar. Estrella Fugaz seguía rabioso y por ese motivo Pájaro de la Pradera estaba triste. Por fin llegaron a un lugar en el que un hililllo de agua plateada corría por la roca. Entre las piedras del camino crecía un poco de hierba. Pájaro de la Pradera dijo:

—Para dos caballos es demasiado poco. Tu caballo tiene que comer para que se recupere. Te esperaré allí a la sombra, detrás de la roca.

Estrella Fugaz no le respondió, pero en cuanto Horizonte hubo acabado con la escasa hierba verde, se acercó a las rocas y recogió en el hueco de la mano las gotas de agua. Él no bebió, sino que rodeó la roca y llevó el agua con cuidado. Pero Pájaro de la Pradera ya no estaba allí. Sólo Caballo de Colores estaba a la sombra y se lamía una pata.

—¡Pájaro de la Pradera! ¡Pájaro de la Pradera! —gritó Estrella Fugaz.

—...era, ...era, ...era —le respondió el eco de las paredes rocosas.

Estrella Fugaz le echó a Horizonte las riendas por encima del cuello y se puso a correr a lo largo del camino de hierro. Aún llevaba el agua en la mano , pero ahora sólo quedaban ya unas pocas gotas. Siguió corriendo pasada la roca y detrás estaba sentado Pájaro de la Pradera. Le dijo:

—¡Hay un agujero en el monte! ¡El camino de hierro lleva al interior del monte! Allí, ¿lo ves?

Pero Estrella Fugaz no le escuchaba. Le dijo:

—Te he traído agua. —Pájaro de la Pradera se inclinó y bebió el diminuto sorbo de agua.

—¡Está buena! —le dijo—. ¡Pero ahora tienes que venir conmigo y mirar el agujero en el monte!

Estrella Fugaz lo vio entonces: el camino de hierro verdaderamente llevaba al interior de la montaña. Dijo:

—Aquí no podemos seguir a caballo. Vamos a volvernos al campamento. Los malos espíritus nos han arrastrado hasta aquí. No quieren que hablemos con el hombre blanco.

Pero dijo entonces Pájaro de la Pradera:

—Vamos a hacer lo que nos hemos propuesto. Eso dijiste cuando yo tuve miedo ayer. Vamos ahora a donde nuestros caballos, allí podemos descansar a la sombra y beber de esa agua tan buena. Cuando sea de noche, volvemos al sitio en el que vimos por primera vez

el camino de hierro. Desde allí seguimos cabalgando a lo largo del camino de hierro, por donde atraviesa entre colinas. Encontraremos a los hombres blancos.

—¡Sí! —dijo Estrella Fugaz—, vamos a hacerlo.

Así que se quedaron en el valle rocoso hasta que fue de noche. Se contaron todos los cuentos indios que se sabían. Querían olvidarse del miedo y el hambre. Pero no pudieron dormir.

Signos mágicos y pintura de búfalos

CUANDO salió la luna se pusieron otra vez en camino. Era cuesta abajo ahora. Los caballos estaban descansados, iban seguros y deprisa por el camino estrecho entre los raíles. Cuando llegaron otra vez a las colinas boscosas, los chicos descansaron sólo un rato. Dejaron a los caballos pastar y beber y en seguida siguieron cabalgando. El camino de hierro llevaba hacia el sur, por entre las colinas delante de las montañas.

Pronto se hizo de día. Estrella Fugaz y Pájaro de la Pradera temblaron con el viento frío de la mañana. Ahora tenían mucha hambre. De pronto, cuando daban la vuelta a un extremo del bosque, vieron delante de ellos un grupo de extrañas tiendas. Estaban hechas de madera y piedra, y eran de aspecto plano y rectangular. Escupían humo azul. Estrella Fugaz y Pájaro de la Pradera detuvieron los caballos.

—¡Esas son las tiendas de piedra de los blancos! —susurró Estrella Fugaz.

—¡Tienen fuego! ¿También tú tienes tanta hambre? —le preguntó Pájaro de la Pradera.

—Pero nosotros no podemos comer su comida; si no, nos pondríamos enfermos, ¡acuérdate! —le dijo Estrella Fugaz.

Entonces salió un hombre de la casa y fue hacia un montón de madera. En el momento en que los chicos iban a dar la vuelta sigilosamente con sus caballos, el hombre miró hacia ellos. Dejó caer la madera y entró de nuevo en su tienda de piedra.

—¡El hombre blanco tiene miedo de nosotros! —susurró Estrella Fugaz, y sonrió.

Pero entonces volvió el hombre desconocido y con él otros hombres. Todos llevaban fusiles en las manos. Gritaron algo que sonó como una orden, pero Estrella Fugaz y Pájaro de la Pradera no podían entender ese idioma.

—Vamos a saludarles —dijo Estrella Fugaz.

Los dos se pusieron la mano abierta delante de la frente y se inclinaron ante los hombres desconocidos. Los hombres sonreían, hablaban entre ellos en alto y hacían señas con la mano.

—¡Sonríen! —dijo Pájaro de la Pradera—. ¡Entonces no serán malos!

Llevaron sus caballos hacia las tiendas de piedra. Desmontaron, dejaron arco y flechas en el suelo, delante de ellos, y se inclinaron otra vez. Así saludaban también sus padres a los hombres desconocidos. Aquí, los extraños también hicieron reverencias; pero, mientras, se sonreían aún más.

—¿Sois amigos nuestros? —les preguntó Estrella Fugaz.

Los hombres se encogían de hombros y seguían sonriendo.

—¡No nos entienden! ¡Lo único que saben es sonreír! —susurró Pájaro de la Pradera. Estrella Fugaz temblaba de rabia. No iba a dejar que se rieran de él.

—¿Quién es vuestro jefe? —les preguntó.

Volvió a no tener respuesta, pero un hombre se adelantó y le cogió por el brazo. Entonces, furioso, le pegó en la mano, se soltó y se dio la vuelta corriendo. ¡Nadie le tocaría!

—¡Bueno! —dijo el hombre.

Entonces, de la última cabaña, todavía llegó un hombre. Le gritaron algo y señalaron hacia los dos chicos indios. Cuando el hombre se acercó, le hicieron sitio y, por fin, dejaron de sonreír. Estrella Fugaz pensó: «Seguramente, éste es su jefe; hablaré con él». Este desconocido parecía serio y amable.

—¡Yo te saludo, jefe blanco! ¡Que la paz esté en tu camino! —le dijo Estrella Fugaz. Y los dos chicos volvieron a inclinarse.

—¡Yo os saludo, jóvenes indios! —les dijo el hombre en su misma lengua—. ¡Que la paz esté sobre vuestro camino! —también se inclinó.

—Este es mi amigo y hermano Pájaro de la Pradera, hijo de Aguila de la Montaña —dijo Estrella Fugaz.

—Este es mi amigo y hermano Estrella Fugaz, hijo de Buen Cazador —dijo Pájaro de la Pradera.

—Yo me llamo doctor Christoph —dijo el desconocido—. Pero no soy jefe. ¿Queréis decirme dónde están las tiendas de vuestros padres y por qué motivo habéis venido hasta nosotros?

—Mi hermano Estrella Fugaz hablará —dijo Pájaro de la Pradera.

—Nuestro campamento está allí, donde se pone el sol, junto al lago que tiene muchos peces. Búfalo Cantor es nuestro jefe y Ojo Sabio es nuestro hechicero. Hemos venido aquí a decirles a los hombres blancos lo que no saben —le dijo Estrella Fugaz.

—¡Ojo Sabio y Búfalo Cantor! —dijo el hombre—. Les conozco. Tenéis un jefe inteligente y valiente y vuestro hechicero tiene un corazón sabio y bondadoso. Pero, ¿por qué envían niños? ¿Qué ha pasado?

—Nadie nos ha enviado —le dijo Estrella Fugaz—. ¡Nadie sabe que hemos venido a caballo hasta las tiendas de los hombres blancos!

—¿Y por qué motivo habéis venido? —preguntó el Dr. Christoph.

—De eso no hablaremos hasta que esos

hombres que se ríen no se hayan marchado —le dijo Estrella Fugaz.

El Dr. Christoph habló en lengua extranjera con los otros hombres y ellos se volvieron a sus tiendas de piedra.

—¡Ahora tienes que hablar! —le dijo Pájaro de la Pradera a Estrella Fugaz.

—Hemos venido, buen hombre blanco, para deciros que el Gran Espíritu le ha dado esta tierra a los indios —le dijo Estrella Fugaz—. Las manadas de búfalos también nos pertenecen. Pero nuestros padres todos los días van lejos cabalgando y ya no encuentran rastro de búfalos en nuestra zona de caza. Nuestras madres no podrán secar la carne de búfalo para el invierno y no tendrán piel para remendar las tiendas y hacernos trajes nuevos. Pues el hombre blanco nos ha quitado los búfalos. Ahora os pedimos: volveos a vuestro propio país para que no tengamos que temer al invierno. He hablado.

El Dr. Christoph le dijo:

—Has hablado bien, Estrella Fugaz. Has dicho la verdad.

—¿Os marcharéis? —le dijo Pájaro de la Pradera.

El Dr. Christoph movió la cabeza:

—No, Pájaro de la Pradera, no nos volveremos. Si yo le digo a estos hombres lo que vosotros exigís de ellos, únicamente se reirán y seguirán aquí.

—¡Sí, se reirán! —dijo furioso Estrella Fugaz—. ¡Siempre se ríen! ¡Y su idioma es fuerte y salvaje como el ladrido de un perro! ¿Qué es lo que quieren, aquí en nuestra tierra?

El Dr. Christoph dijo:

—Los hombres blancos están llenos de inquietud. Todo lo quieren saber y conocer. Han dominado la fuerza del fuego, del agua y del rayo. Quieren poseer la Tierra entera. Ya hace muchos cientos de años que llegaron aquí. Vieron que solamente vivían unos pocos indios en esta ancha tierra. Han plantado aquí sus campos y han construido caminos, puentes y ciudades.

—Nosotros no necesitamos caminos y puentes —le dijo Estrella Fugaz—. Siempre encontramos un camino a través de la pradera y por la montaña. Con flotadores, cruzamos los ríos más anchos. Nos basta con la carne de búfalo y con las frutas y raíces que crecen por todas partes. No necesitamos ninguna cosa de los hombres blancos. Por eso, deben volverse a su propio país.

—Es demasiado tarde —dijo el Dr. Christoph—. Se quedarán. ¿No sabéis que en esta tierra ya viven más hombres blancos que indios?

—¡Eso no puede ser! —le dijo Pájaro de la Pradera—. Recorremos la pradera y nunca encontramos hombres blancos.

—Vuestro jefe es inteligente —les dijo el Dr. Christoph—. El sabe lo que pasa.

—¿Qué es lo que pasa? —le preguntó Estrella Fugaz.

—No os han contado nada de eso porque todavía sois niños —le dijo el Dr. Christoph. Se sentó encima de una piedra—. Los blancos han matado a muchos indios. Ya no quedan muchas tribus de vuestro pueblo, y vuestra tierra hace tiempo que pertenece a los hombres blancos. Búfalo Cantor les ha dado su palabra de que mantendrá la paz con ellos, y a cambio ellos le han dado su palabra de que no serán atacados. Por eso Búfalo Cantor os lleva desde hace años a través de la pradera solitaria hacia el norte, donde todavía no viven los blancos. Pero pronto estarán en todas partes. Estas cabañas de aquí se convertirán en una ciudad. Dentro de poco ya no habrá pradera solitaria. Tendréis que aprender a vivir con los blancos como hermanos.

—¿Cómo vamos a ser sus hermanos, si ellos han matado a nuestros hermanos? —le dijo Estrella Fugaz—. ¡Yo he aprendido que hay que hacer mal por mal y bien por bien!

—Tenéis que aprender algo nuevo —dijo el Dr. Christoph—. Tenéis que aprender a vivir en paz con los que os han hecho mal.

—¡Eso no quiero aprenderlo! —le dijo Estrella Fugaz—. Nos iremos con nuestras madres y padres y les diremos lo que nos ha pasado.

¡Y cuando sea un hombre, mataré muchos hombres blancos!

El Dr. Christoph se levantó. Les dijo:

—Yo no os he hecho nada malo, y los demás hombres que están aquí tampoco os han hecho nada malo. Muchos hombres blancos están apesadumbrados por lo que ha pasado. Soy amigo vuestro. Entrad en mi casa. Quizá, os pueda dar una buena noticia. Hace unos días pasó por aquí un cazador blanco que ha visto muchos búfalos en los bosques del norte. El me ha descrito el lugar. Haré una pintura en la que vuestro jefe y Ojo Sabio puedan reconocer el camino hasta allá.

Fue hasta su casa, abrió la puerta y dijo:

—¡Vuestro amigo os ruega que le visitéis!

—Tú sabes que nosotros no podemos decir *no* si tu hablas así —dijo Estrella Fugaz.

Ataron sus caballos a un árbol y entraron en la casa.

Estrella Fugaz continuaba furioso. Sólo haría lo que es costumbre. Pero pronto olvidó su enfado, tantas cosas raras se encontraron dentro de la casa del Dr. Christoph. El se las enseñó todas.

Ellos aún no habían visto una mesa, una silla, una cocina, una cama. Allí había libros que se podían hojear, y en las páginas, que al tacto eran como pergaminos muy delgados, había unos extraños y pequeños signos mágicos. Les pareció increíble y maravilloso que las palabras dichas se pudieran retener en la mano. El Dr. Christoph les enseñó la **O**, que es redonda como la boca cuando se dice **O**, y la ***I***, que es tan aguda como el tono que hace en el aire, y ensayaron en alto ***oes*** e ***íes*** y se rieron con ello. Y también había allí una ventana a través de la cual se podía mirar como a través del aire libre y, sin embargo, el viento se quedaba fuera. La tocaron con la punta de los dedos y golpearon los cristales.

De pronto, oyeron fuera un ruido sordo de algo que rodaba, golpeaba y silbaba. Asustados, se retiraron de la ventana: ¡ahí venía un coche de fuego por encima del camino de hierro! ¡Tenía un aspecto terriblemente negro y grande, y escupía en el aire humo y fuego!

El Dr. Christoph les dijo:

—No hay que asustarse. No es nada malo.

—¡Estoy viendo mujeres y niños en el coche de fuego! —dijo Pájaro de la Pradera. Y se asombraron de que las mujeres y niños blancos fueran tan valientes. Entonces oyeron un pitido agudo, y el caballo de fuego echó aún más humo y fuego y salió rodando. Le estuvieron mirando hasta que desapareció detrás de las colinas.

—Ahora tenéis que comer algo, les dijo el Dr. Crhistoph. Seguro que tenéis mucha hambre.

—Sí —dijo Pájaro de la Pradera.

—¡No! —dijo Estrella Fugaz—. ¡No podemos comer la comida de los hombres blancos!

Inmediatamente se avergonzó de ello, pues no está bien rechazar la comida en casa de un amigo. Pero el doctor conocía las costumbres de los indios. Les dijo:

—Tengo pescado fresco en ese cacharro, os lo podéis asar.

Les dio fuego, y ellos asaron el pescado fuera, delante de la cabaña, como tenían costumbre: lo ensartaron en varas verdes y lo sostuvieron encima de la llama viva.

Algunos de los hombres blancos se acercaron otra vez, sonrieron e hicieron señas con las manos. Ahora también ellos reían. Quizá no todos los hombres blancos era malos.

Cuando hubieron comido, el Dr. Christoph

les preparó una cama en su cabaña, y durmieron hasta la noche. Hasta el día siguiente no quisieron cabalgar de vuelta, pues los caballos tenían que descansar.

Cuando se hizo de noche, vinieron muchos hombres blancos a la cabaña del Dr. Christoph. Cantaron canciones duras y salvajes, y Estrella Fugaz y Pájaro de la Pradera cantaron todas las canciones indias que conocían. Así había sido siempre, cuando en sus recorridos por la pradera se habían encontrado a otros indios.

Estrella Fugaz miró a los hombres blancos a la cara. No la llevaban pintada, como la cara de los indios. Eran unas extrañas caras blancas. Pero Estrella Fugaz pensó: «Yo no puedo matar a ninguno de estos hombres, porque los conozco, y porque ellos han cantado sus canciones para nosotros.»

La danza *Yo Vi*

CUANDO a la mañana siguiente el doctor despertó a los chicos, el sol ya había salido. Les dio la pintura que les había prometido. La había pintado durante la noche. En ella estaban los ríos, lagos y montañas, pintados de colores, y en un lugar se veía un búfalo poderoso entre dos arbolillos hechos con detalle. Una línea roja llevaba desde el lago de los peces hasta él. El Dr. Christoph les explicó que ése sería el camino que tendrían que tomar. Pájaro de la Pradera pensó si no sería un hechicero de búfalos, pero el doctor lo único que hizo fue reírse de ello. Estrella Fugaz se lo agradeció y puso la pintura en su bolsa. En adelante, ya no se la quitó de la espalda ni un solo momento.

Un hombre les llevó carne de corzo, y se la asaron. Pero estaban tan inquietos e impacientes que apenas pudieron comer. Muchos hombres blancos vinieron para despedirse.

—Les contaremos a nuestros padres y madres que aquí viven hombres blancos buenos —dijo Estrella Fugaz, y el doctor les tradujo a los hombres lo que él había dicho. Volvieron a sonreír y también dijeron algo, y el doctor se lo tradujo a los chicos:

—Os elogian y dicen que sois unos chicos indios muy valientes, porque habéis venido solos hasta aquí para ayudar a vuestros padres. Os desean muchos búfalos.

—¡Nosotros también les deseamos muchos búfalos a los hombres blancos! —dijo Pájaro de la Pradera. Los blancos movieron la cabeza y sonrieron. Entendían lo que les había querido decir.

Entonces el doctor también montó en su caballo. Les quería enseñar a los niños el camino más corto para ir a su campamento. Los hombres sonrientes les despidieron moviendo las manos y agitando pañuelos. Como Estrella Fugaz y Pájaro de la Pradera no tenían otra cosa, agitaban sus bolsas de piel.

Hacia mediodía llegaron al arroyo junto al que habían reposado hacía tres días. Dejaron a los caballos pastar y beber, y se sentaron a la sombra con el Dr. Christoph. Le contaron cosas de sus padres y madres, de Caballo Gris y de los otros mayores, y de las hermanitas. También le contaron los prodigios que podía hacer Ojo Sabio: adivinar los pensamientos y las acciones de los hombres, conjurar a las nubes cuando hace falta lluvia, curar a los enfermos y hablar con los espíritus. Y el doctor les contó cosas de los hombres blancos, de sus enormes ciudades de piedra y de los niños blancos que viven allí.

Después tuvieron que despedirse. El Dr. Christoph les explicó el camino: «Sólo tenéis que cabalgar siempre a lo largo del arroyo, entonces llegáis al lago que tiene muchos peces y por la noche estáis con vuestros padres.»

—¡Nunca te olvidaremos! —le dijo Estrella Fugaz.

—¡Que el Gran Espíritu os proteja en vuestro camino! —les dijo el Dr. Christoph.

—¡Que el Gran Espíritu te proteja a ti también, y a los sonrientes hombres blancos del camino de hierro! —le dijo Estrella Fugaz.

—Permita el Gran Espíritu que todos los hombres vivan como hermanos —dijo el doctor.

Los chicos montaron en sus caballos. El doctor movió la mano mientras pudo distinguirles. Estrella Fugaz y Pájaro de la Pradera no podían volver tan deprisa como querían junto a sus padres y amigos. Sólo descansaron un rato, una sola vez, para dejar pastar a los caballos, y comprobaron si la pintura maravillosa todavía estaba en la bolsa.

Cuando se puso el sol, vieron el campamento. De nuevo arrearon a los caballos y gritaron lo más alto que pudieron:

—¡Ho! ¡Ho-Ho! ¡Aguila de la Montaña! ¡Buen Cazador! ¡Sol encima del Camino! ¡Madre Castor!

Vieron a la gente del campamento venir todos juntos, y entonces los niños corrieron hacia ellos: los mayores, los pequeños y las niñas, y todos decían: «¡Estrella Fugaz y Pájaro de la Pradera están aquí otra vez!».

Fueron cabalgando hasta el centro del campamento. Allí estaban sus padres, y todos se apartaron para que pudieran saludarse. Los chicos desmontaron de los caballos y se inclinaron delante de padre y madre; Madre Castor y Sol encima del Camino abrazaron a sus hijos y les besaron en la frente.

Buen Cazador les dijo:

—Vuestras madres han llorado porque os habéis marchado sin decir palabra.

—Lo sé, os hemos dado un disgusto, padre mío Buen Cazador —le dijo Estrella Fugaz—. Pero os pido que solamente yo sea castigado. Yo convencí a Pájaro de la Pradera para que viniera conmigo.

Entonces Pájaro de la Pradera dijo:

—¡No quiero! ¡El es mi hermano, yo no quise dejarle marchar solo a por los hombres blancos!

—¿A por los blancos? ¿Estuvisteis con los blancos? —dijeron todos y se les echaron encima. Entonces salió de su tienda Ojo Sabio. Estrella Fugaz fue hasta él, se inclinó y le dijo:

—Nos dijiste, Ojo Sabio, que también hay

hombres blancos buenos, y que no saben que los búfalos pertenecen a los indios. Sólo queríamos decirles que se tenían que marchar. Nos hemos encontrado al hechicero blanco, el Dr. Christoph, ha hablado bien de ti y de nuestro jefe. Hemos dormido en su tienda de piedra. Pero no hemos probado la comida de los blancos. Y ha hecho una pintura de búfalos; os la tenemos que enseñar a ti y al jefe Búfalo Cantor, ¡para que ella nos pueda guiar a las manadas de búfalos! —Había hablado más deprisa de lo conveniente para un chico indio, y entonces se quitó la bolsa del hombro y sacó la pintura. Todos querían verla. Algunos dijeron:

—¡Quemadla! ¡Viene del hombre blanco! ¡Seguro que es un hechizo dañino! ¡Sólo quieren tratar de echarnos de nuestra zona de caza! ¡Nosotros sabemos mejor que los blancos dónde hay búfalos! —Y alargaban la mano hacia el papel, pero Estrella Fugaz lo sujetó con las dos manos y dijo:

—¡No, no es un hechizo dañino! ¡El Dr. Christoph es un hombre bueno!

Ojo Sabio dijo:

—Dame la pintura, Estrella Fugaz. Conozco al blanco que llaman Dr. Christoph. Es un hombre bueno, es un amigo de nuestro pueblo, y en su boca no hay mentira.

Estrella Fugaz le dio la pintura y Ojo Sabio fue con ella a la tienda del jefe.

Ahora los demás querían conocer más cosas de las aventuras de los chicos. Pero Sol encima del Camino y Madre Castor se llevaron a sus hijos a sus tiendas. Las madres pensaban que era hora de comer bien y descansar.

Estrella Fugaz y Pájaro de la Pradera ya estaban durmiendo cuando el vigilante atravesó el campamento y llamó a todos los hombres a Consejo.

A la mañana siguiente recogieron las tiendas y se marcharon para seguir los signos del hombre blanco.

Estrella Fugaz y Pájaro de la Pradera hoy no podían montar a caballo. Tenían que sentarse en el trineo detrás de los caballos de sus madres, como los niños pequeños. Ese era el castigo por la escapada secreta. Pero los padres y toda la gente mayor estaban amables con ellos, y los chicos mayores preferían cabalgar pegados a ellos porque querían que aún les contasen más de los hombres blancos, el camino de hierro, el coche de fuego y los libros con los signos mágicos negros.

Ciervo Veloz les dijo:

—Habéis sido valientes. Seguís siendo de los mayores, aunque ahora no podáis montar a caballo.

Las tiendas fueron montadas muchas veces por la noche y vueltas a enrollar por la mañana, hasta que por fin llegaron a la tierra de los bosques del norte. Era un camino trabajoso por entre montañas y grandes ríos. Tenían mucha hambre, pues no querían empezar sus escasas provisiones de invierno, y tampoco tenían tiempo de cazar. Algunos murmuraban y protestaban:

—Nosotros ya sabíamos que el hombre blanco es malo y siempre engaña a los indios. Pronto nevará y todos moriremos de hambre en esta tierra extraña. ¡No tendríamos que haber seguido la pintura mágica!

Búfalo Cantor había enviado exploradores por delante. Pero los exploradores no volvían. Por las noches, el jefe tenía largas reuniones con el hechicero, y después hablaban los dos con la gente impaciente, y les pedían que tuvieran confianza.

Estrella Fugaz y Pájaro de la Pradera se ponían cada noche en la parte de afuera del campamento y miraban a ver si venían los mensajeros. No podían creerse que el Dr. Christoph les hubiera puesto en un camino equivocado. Hablaban a menudo de él, cuando estaban solos. Más tarde, cuando fueran mayores, le volverían a visitar.

Un tormentoso día de otoño, por fin volvieron los exploradores. Agitaban los brazos y decían:

—¡Muchos búfalos! ¡Búfalos gordos! ¡Una manada grande!

Todos detuvieron los caballos y gritaron de alegría.

Estrella Fugaz saltó de su trineo y fue a por Pájaro de la Pradera. Dijeron:

—¡El Dr. Christoph tiene razón! ¡El Dr. Crhistoph es bueno! ¡Muchos búfalos! ¡Búfalos gordos!

Buen Cazador y Aguila de la Montaña hablaban entre ellos en bajo. Luego dirigieron sus caballos hacia los chicos y les preguntaron:

—Estrella Fugaz y Pájaro de la Pradera, ¿quéreis venir con nosotros mañana a cazar búfalos a caballo?

—¡Sí! ¡Sí! ¡Sí! —dijeron ellos y dieron las gracias a sus padres y corrieron en seguida a por sus madres y les pidieron flechas afiladas para la cacería de búfalos. Madre Castor y Sol encima del Camino se alegraron de que ya se les hubiera levantado el castigo a los chicos.

Siguieron cabalgando y ya a primera hora de la tarde montaron las tiendas. El jefe envió al vigilante por el campamento. Hizo saber a todo el mundo que esa noche tendría lugar una gran asamblea. Estrella Fugaz y Pájaro de la Pradera tenían que bailar la danza ***Yo Vi***.

Cuando los dos oyeron esto, se sobresaltaron. ¡Delante de toda la gente mayor y de los niños tenían que bailar la danza ***Yo Vi***! Fueron a ver a Ojo Sabio y le pidieron consejo, y él les explicó lo que tenían que hacer. En todo el campamento había agitación y alegría. Todos se pusieron sus mejores trajes, se pintaron la cara y se peinaron el pelo con grasa hasta que les brilló como seda negra. Las madres lavaron a sus niños. Sol encima del Camino y Madre Castor les dieron a sus hijos camisas y pantalones nuevos hechos de piel de búfalo clara.

Estrella Fugaz y Pájaro de la Pradera hoy tenían que ponerse especialmente bien.

Los padres estaban con ellos y les aconsejaron y ayudaron cuando los chicos se pintaron la cara.

La gran tienda de las asambleas fue levantada y adornada con ramas verdes. En medio ardía un fuego resplandeciente. Cuando se hizo de noche vinieron todos del campamento: hombres, mujeres y niños. Y hasta las madres llevaron a los pequeñines colgados a la espalda en una bolsa. Cada cual sabía su sitio. En la primera fila estaban sentados el jefe y Ojo Sabio, y junto a ellos los hombres más viejos y valientes. Estrella Fugaz y Pájaro de la Pradera esperaban a la entrada de la tienda. Entonces se levantó el jefe y dijo:

—Cuando teníamos una gran preocupación, nuestros hijos Estrella Fugaz y Pájaro de la Pradera fueron a caballo hasta los hombres blancos. El hombre blanco les ha dado una buena noticia. Mañana encontraremos una gran manada de búfalos, y cuando sea invierno, nadie tendrá que pasar hambre. Tendremos las tiendas calientes y en ellas nos sentaremos durante las noches largas y nos contaremos aventuras e historias. Haremos divertidas carreras de esquí, y las mujeres no tendrán que ocuparse de las comidas. Nos harán bonitos trajes nuevos y les contarán a los niños nuestros viejos cuentos. Será un buen descanso, después de este difícil verano. Y ahora, Estrella Fugaz y Pájaro de la Pradera nos van a mostrar la danza *Yo Vi*.

Hizo una señal con la mano, y Ojo Sabio golpeó suavemente su tambor. Con lentos pasos de danza, los chicos entraron en el círculo, y medio cantando, medio hablando, empezó Estrella Fugaz:

—Yo vi que mi madre estaba preocupada y mi padre triste, porque no encontrábamos manadas de búfalos.

Y Pájaro de la Pradera se adelantó y cantó:

—Yo vi que mi hermano se quería marchar a caballo, y le seguí.

—Yo vi subir al sol por encima de un horizonte desconocido y vi el mediodía y la noche hasta que salió la luna —siguió cantando Estrella Fugaz.

—Yo vi el camino de hierro de los hombres blancos, y sus tiendas, que son de madera y piedra —cantó Pájaro de la Pradera.

Así representaban, bailando y hablando, todo lo que les había pasado: mostraron cómo había sido su llegada a donde los blancos; se rieron con la risa tosca de los desconocidos; pintaron en el aire, con las manos, lo que ha-

bían visto en la casa del Dr. Christoph; e imitaron el golpeteo, el ruido del vapor y los silbidos del coche de fuego. Cómo habían comido y dormido, y cómo habían cantado con los hombres por la noche; su partida y finalmente su despedida del buen doctor: todo esto lo representaron. La gente escuchaba con atención, aunque los chicos ya se lo habían contado todo varias veces. Pero esta vez era como si ellos mismos estuvieran allí.

Estrella Fugaz no había olvidado ni una palabra de lo que le había dicho el Dr. Christoph. Para acabar cantó:

—Yo vi que él es un buen hombre blanco, pues estaba apesadumbrado por todo lo malo que otros hombres blancos nos han hecho. Yo vi que él es nuestro amigo, pues él nos ha aconsejado bien y nos ha ayudado.

Entonces Ojo Sabio se puso en pie. Levantó los brazos y rezó:

—¡Gran Espíritu! ¡Gran Padre! Tú has creado a todos los seres que andan por la tierra y nadan en el agua y vuelan por el cielo, y todo lo que es verde y florece. Tú también has creado a todos los hombres y les has dado todo lo que necesitan para vivir. Permite que haya paz entre los hombres blancos y nuestro pueblo. Y permítenos tener mañana una buena cacería.

El jefe hizo una señal, y los hombres y mujeres se levantaron y salieron.

Estrella Fugaz y Pájaro de la Pradera fueron con sus padres a las tiendas.

Buen Cazador habló con Caballo Gris y Estrella Fugaz sobre la cacería de búfalos, y estuvo hablando con ellos como con hombres mayores. Ahora Estrella Fugaz, por fin, ya no era un chico pequeño.

Epílogo

Cuando Estrella Fugaz tenía diez años, las últimas tribus indias tuvieron que renunciar a su vida itinerante. Ya no encontraban manadas de búfalos.

El gobierno de Canadá y el gobierno de los Estados Unidos de América quisieron proteger a los últimos indios. Llegaron a un acuerdo con ellos y les entregaron regiones protegidas (reservas). De ahora en adelante los indios tenían que permanecer en esas regiones. Ya no podían ir de un lado para otro, sino que tenían que vivir en pueblos y cultivar la tierra, criar ganado o aprender otras profesiones.

Eso era muy duro para los indios mayores. No habían ido a la escuela como los blancos, no entendían nada de agricultura y no tenían dinero para instrumentos de labranza o herramientas. Así que muchos de ellos vivían en la mayor pobreza, y el no hacer nada les ponía enfermos. Algunos tampoco podían olvidar su antigua vida de libertad, no querían ser como los blancos. Los niños indios podían ir a las escuelas de las misiones. También Estrella Fugaz y Pájaro de la Pradera aprendieron a leer y escribir. Las letras de los libros ya no eran para ellos signos mágicos. Más tarde, Pájaro de la Pradera se convirtió en maestro en una escuela para niños indios, y Estrella Fugaz se dedicó a la cría de caballos. Aprendieron a vivir como los blancos, pero no olvidaron cómo de chicos habían recorrido las tierras todavía deshabitadas y habían cazado búfalos con sus padres.

ÍNDICE

Colección LAS CAMPANAS

La Editorial, consciente de la importancia que tienen las primeras lecturas, ha creado la colección LAS CAMPANAS con el deseo de aficionar a la lectura a los más jóvenes y psibilitarles el placer de leer.

Presentación

Todos los títulos se presentan bajo un diseño único, variando el color, atendiendo a los diferentes géneros.

ROJO	**CUENTOS**
ANARANJADO	**LIT. HUMORISTICA**
AZUL CLARO	**NOVELA**
AZUL OSCURO	**POESIA**
VERDE	**TEATRO**

Edad de los lectores

La Colección está dirigida a lectores comprendidos entre 6 y 14 años.

En contraportada, y en la parte superior derecha aparece una indicación gráfica: **un sol,** para orientar sobre la edad de los posibles lectores. El gráfico se presenta sobre 1, 2 ó 3 libros, lo que quiere decir:

Lectores
Desde 6 años

Desde 9 años

Desde 12 años